AF199407

Lebenskrisen

Keep calm, relax and go on

Wege aus und durch eine Krise

von Tobias van der Velde

Text und Umschlaggestaltung: Tobias van der Velde

Bibliografische Informationen der Deutschen Nationalbibliothek:

Die Deutsche Nationalbibliothek verzeichnet diese Publikation in der Deutschen Nationalbibliografie; detaillierte bibliografische Daten sind im Internet über http://dnb.dnb.de abrufbar.

© Tobias van der Velde 2019
Herstellung und Verlag:
BoD – Books on Demand, Norderstedt

ISBN: 9783748178354

www.tobias-vandervelde.de

Vorwort

Krisen und Probleme sind ein elementarer Teil des Lebens. Sie gehören einfach dazu.

Sie sind, so wie viele andere Dinge im Leben auch, ein fester Bestandteil des Lebenslaufes.

Krisen kommen und Krisen gehen.

Probleme kommen und Probleme gehen.

So etwas ist nicht weg zu reden oder einfach so zu umgehen. Das soll auch nicht Sinn dieses Buches sein. Vielmehr soll es darum gehen zu zeigen, dass es nicht immer so schlimm ist, wie es sich vielleicht gerade anfühlt.

Ganz oft ist das Empfinden einer Situation deutlich schlimmer, als die eigentlichen Auswirkungen der aufgetretenen Vorfälle.

Probleme sind schlimm. Aber der, unter Umständen falsche, Umgang damit ist noch viel schlimmer.

So können Probleme, hin und wieder, auch ein wahres Geschenk sein. Ein Geschenk des Lebens.

Ein Geschenk, welches gut verpackt zu unseren Füßen liegt. Wir müssen uns nur hinab bücken, also etwas bemühen, um zu erkennen, was es uns beschert hat.

Dazu müssen wir umdenken, die Sichtweisen ändern, uns reflektieren und vor allem ehrlich mit uns selbst sein. Wir müssen uns eingestehen, was wir unter Umständen zur Zeit selbst nicht richtig machen oder in früheren Zeiten gemacht haben. Beispielsweise können wir uns, bei unseren täglichen Beziehungsproblemen, erst einmal selbst fragen, was wir persönlich falsch gemacht haben.

Das Leben ist so wunderschön.

Doch wir selbst sorgen tagtäglich für zahlreiche und unnötige Verblendungen und Verwirrungen. Wir selbst sorgen dafür, die wichtigen Dinge nicht zu erkennen.

Worauf es wirklich ankommt, ist nicht pauschal zu sagen. Das Gedicht „Stufen" von Hermann Hesse erzählt aber sehr schön davon. Deuten Sie die Aussagen für sich selbst.

Stufen (Hermann Hesse)

Wie jede Blüte welkt und jede Jugend
dem Alter weicht, blüht jede Lebensstufe,
blüht jede Weisheit auch und jede Tugend
zu ihrer Zeit und darf nicht ewig dauern.
Es muss das Herz bei jedem Lebensrufe,
bereit zum Abschied sein und Neubeginne
um sich in Tapferkeit und ohne Trauern
in andre, neue Bindungen zu geben.
Und jedem Anfang wohnt ein Zauber inne,
der uns beschützt und der uns hilft, zu leben.

Wir sollen heiter Raum um Raum durchschreiten,
an keinem wie an einer Heimat hängen.
Der Weltgeist will nicht fesseln uns und engen.
Er will uns Stuf' um Stufe heben, weiten.
Kaum sind wir heimisch einem Lebenskreise
und traulich eingewohnt, so droht Erschlaffen.
Nur wer bereit zu Aufbruch ist und Reise,
mag lähmender Gewöhnung sich entraffen.

Es wird vielleicht auch noch die Todesstunde,
uns neuen Räumen jung entgegen senden.
Des Lebens Ruf an uns wird niemals enden ...
Wohl an denn, Herz, nimm Abschied und gesunde!

~ ~ ~ ~

Grundsätzlich muss überlegt werden, was Krisen sind, beziehungsweise was diese bedeuten.

In unzähligen Büchern wurde darüber spekuliert und auch das Internet ist mit Definitionen zu diesem Thema, gut ausgestattet. Für mich ist es wichtig, diese Grundsatzklärung möglichst kurz zu halten.

Bei Wikipedia wird eine Krise wie folgt definiert:

"Die Krise bezeichnet eine Problematische mit einem Wendepunkt verknüpfte Entscheidungssituation.
Eine Krise wird in den verschiedenen Wissenschaftsdisziplinen auf sehr unterschiedliche Weise thematisiert."

Somit sind Krisen, gewöhnlicher Weise, Situationen, die eine Veränderung einher bringen.

Sie kennzeichnen maßgeblich, den eben besagten Wendepunkt. Ob eine Krise im Verlauf und in ihrer Entwicklung wirklich problematisch wird, liegt sicherlich in jedem Betroffenen selbst, in den Entscheidungen sowie auch in der allgemeinen Einstellung zum Leben und den Problemen.

Tagtäglich begegnen Sie in Ihrem Leben Krisen, beziehungsweise strömen diese auf Sie ein. Das ist nicht weiter tragisch und den allermeisten Krisen stehen Sie selbstsicher gegenüber.

Doch dieses souveräne und auch kraftstrotzende entgegenstellen, klappt leider nicht immer.

Vereinzelte Krisen sind so stark und gewaltig, dass diese Sie an die Grenzen Ihrer Möglichkeiten bringen können.

Wie bereits erwähnt gibt es, je nach den genannten Disziplinen, ganz unterschiedliche Formen von Krisen. Die Bereiche der Forschung und der Medizin möchte ich hier nicht näher erläutern. Vielmehr geht es mir um die Krisen, die Ihnen im Leben täglich begegnen. Die Formen von Krisen, die Ihnen das Leben schwer machen. Auch hier gibt es sicherlich viele Formen, jedoch werde ich im weiteren Verlauf des Buches ein paar davon herausheben.

~ ~ ~ ~

Welche Formen von Krisen gibt es, die Ihr Leben vor ganz neue Herausforderungen stellt?
Welche Krisen fordern von Ihnen große und wegweisende Entscheidungen?

Nachfolgend möchte ich ein paar Krisen aufzählen. Sicherlich ist eine Ergänzung möglich. Aber darum soll es hier nicht gehen.

☞ Tod und Trauer
☞ Trennung
☞ Krankheiten
☞ Verlust des Arbeitsplatzes
☞ Finanzielle Notlagen
☞ Katastrophen
☞ Unfälle
☞ Übergriffe und Gewalt an der eigenen oder einer nahestehenden Person

Vieles kann Ihnen im Leben ungewollt widerfahren. Doch der Umgang damit liegt an Ihnen selbst.
Traumatische Ereignisse können das eigene Selbstbild und das gesamte Weltverständnis, oft

sogar schwer, in Mitleidenschaft ziehen. So etwas kann dazu führen, anderen Menschen zu misstrauen oder ihnen gegenüber unsicher zu sein.

Es kann passieren, dass hierdurch die gewohnte Unbeschwertheit und Sorglosigkeit verloren geht.

Im Verlauf des Buches werde ich darauf noch eingehen.

~ ~ ~ ~

Es ist sicherlich nicht immer nachvollziehbar, warum Sie von einer Krise eingeholt werden, denn sonst könnten Sie vielleicht sogar rechtzeitig handeln und diese, unter Umständen, vielleicht sogar verhindern.

"Das Leben birgt aber, neben all dem Schönen und dem Wunderbaren, eben auch viel Schmerz und Leid." (Tobias van der Velde)

Das war schon immer so. Das ist heute so und es wird auch in Zukunft so sein.

Warum?

Das Leben ist einfach so wie es ist. Eckig, kantig und voller Überraschungen. Auch wenn Sie diese Ecken und Kanten nicht wollen, werden Sie diese erhalten. Sie wurden schließlich auch nicht gefragt, ob Sie auf diese Welt wollen. Doch jetzt sind Sie da und müssen es so nehmen, wie es ist. Ungeschminkt, ehrlich und echt. Ebenso werden Sie nicht gefragt, ob Sie diese Welt nun auch wieder verlassen wollen. Doch auch das wird passieren. Auch wenn Sie es nicht wollen.

Einen großen Teil Ihres Lebens planen und gestalten Sie selbst. Diese Möglichkeit wurde Ihnen mit der Geburt zum Menschen geschenkt und das unterscheidet Sie von allen anderen Lebensformen.

Anthony Robbins sagte einst::

"Momente der Entscheidung
formen unser Schicksal."

Es sind Ihre sechs Sinne, die so schön und so tragisch zugleich sind. Die Sinne, die Sie doch so lieben und als selbstverständlich annehmen. Dabei geht es jetzt gar nicht um die Menschen, die gesundheitlich in den Sinnen eingeschränkt sind. Es geht um uns alle. Uns alle, die ihre Sinne nicht zu nutzen wissen.
Ist nicht allmählich die Zeit gekommen, in der Sie sich entscheiden müssen und sollten, wo es mit Ihnen hingehen soll?

Denn:

- ☞ Wir haben Augen. Aber wir sehen nichts.
- ☞ Wir haben Ohren. Aber wir hören nichts.
- ☞ Wir haben eine Nase.
  Doch nutzen wir sie nicht.
- ☞ Wir haben einen Mund.
  Doch nutzen wir ihn nicht sinnvoll.
- ☞ Wir haben einen Geist, den wir stetig blenden
  und verwirren. Doch befreien tun wir ihn nicht.
- ☞ Wir können denken.
  Doch denken wir nur an uns.
- ☞ Wir können fühlen.
  Doch fühlen wir nur für uns.

"Nichts ändert sich, bis wir uns selbst ändern."
(Spruch aus dem Internet)

Sie haben es in der Hand zu entscheiden, was Sie
mit Ihren Sinnen machen, wie weit Sie diese
nutzen wollen und wie weit Sie die Momente
Ihres Schicksals beeinflussen wollen. Es ist an der
Zeit zu verstehen, dass Sie Ihre Zukunft und Ihr
Leben, sowie auch die Zukunft und das Leben
Ihrer Mitmenschen in der Hand haben.

Alles Handeln im Geist und mit dem Körper hat direkte und indirekte Folgen.

Wenn Sie es nicht schaffen sollten, Ihren eigenen Geist zu kultivieren und Ihre Sinne korrekt einzusetzen, bringt Ihnen aller Reichtum nichts.

Sie sind arm. Arm im Geiste.

Wenn Ihre Sinne nicht dazu beitragen, in Ihrem eigenen Geist und in dem Geist der anderen, Liebe, Respekt und Wertschätzung zu entwickeln, haben Sie die Möglichkeit auf ein großartiges Leben verschenkt und in Ihrem Leben nichts erreicht.

Sie haben einen Verstand bekommen, mit dem Sie denken können.

Sie haben ein Gewissen, mit dem Sie abwägen können.

Sie haben ein Gefühl und ein Bedürfnis nach sozialen Bindungen.

Ganz allgemein haben Sie Bedürfnisse, die Ihr Leben beeinflussen. Doch genau hier liegen auch die Probleme. Diese Bedürfnisse haben alle Menschen. Alle legen ein gewisses Verhalten an den Tag, welches allzu häufig nur den eigenen Vorteilen dient. Dieses, oft nur auf den eigenen Vorteil bedachte Verhalten, schadet genau so oft irgendeinem anderen Menschen.

Nehmen wir als Beispiel unseren Arbeitsplatz:

- ☞ Ein stetiger Kampf
- ☞ Ein Kräftemessen
- ☞ Leistungsdruck
- ☞ Termindruck
- ☞ Ärger mit den Kollegen
- ☞ Unzufriedene Arbeitgeber
- ☞ Ein ausgeliefert sein, an die Launen des Chefs

Wahrscheinlich ist so etwas jedem bekannt und genau hier beginnen kleine Krisen. Ein innerliches Kämpfen mit den ganz eigenen Bedürfnissen und den auferlegten Pflichten mit den dazugehörigen Bedingungen. Gibt es Ärger oder läuft es nicht gut, kommt es häufig zu Unstimmigkeiten, in denen jeder versucht sich selbst zu retten.

Zum Leidtragen der anderen Kollegen.

Läuft es einmal richtig schlecht, droht sogar der Verlust des Arbeitsplatzes. Dies bedeutet für die meisten Menschen mehr, als sich nur einen neuen Job zu suchen. Denn für viele ist ein Jobverlust das Ende aller sozialen Bindungen. Sehr häufig auch ein finanzielles Desaster, ohne Aussicht auf Land in weiter Ferne.

Jeder weiß das natürlich und wird mit allen Mitteln versuchen, diesen Job zu sichern und somit seine Bedürfnisse zu befriedigen. Er rettet sich selbst.

~ ~ ~ ~

Es ist schwer zu erkennen, dass Krisen auch einen Nutzen haben können und eine Krise nicht nur dafür da ist, Ihnen zu schaden. Nicht jeder Sturm im Leben ist gekommen, um Ihr Leben in Schutt und Asche zu legen.

Manche Stürme bereiten Ihnen einen Weg, den Sie ohne den Sturm vielleicht gar nicht gesehen hätten.

Eine Krise kann eine Chance sein. Eine Chance etwas Neues zu beginnen. Vielleicht etwas Neues zu wagen. Neue Abenteuer können entdeckt werden oder auch, weit in der Vergangenheit, abgelegte Wünsche können zu neuen Zielen und Taten heranwachsen.

Eine lange Zeit mit unterdrückten Bedürfnissen kann mit einer Krise beendet werden und jetzt zu vollem Wachstum führen. Zu wahrem inneren Wachstum und zur Freiheit kann sie führen und somit letztlich auch Frieden bringen.

Hermann Hesse sagte in seinem Gedicht Stufen:

"Und jedem Anfang wohnt ein Zauber inne,
der uns beschützt und der uns hilft, zu leben."

Ein kleines Beispiel aus meinem Leben:

Vor vielen Jahren habe ich, wegen schwieriger Verhältnisse untereinander, den Kontakt zu meiner Herkunftsfamilie abgebrochen.
Das tat mit gut und die Entscheidung dazu kam für mich in einer persönlichen, seelischen Krise.
Ich fühlte mich mit der Entscheidung aber frei.
Doch belastet hat es mich immer irgendwie.

Der Verlust eines Elternteils ist für die meisten Menschen etwas Schreckliches und für viele kann der Tod eine Krise auslösen. Die Nachricht über den Tod meiner Mutter löste eine Last in meiner Seele. Ich war erleichtert und fühlte mich, das erste Mal im Leben, wirklich frei. Da lernte ich was persönliche Freiheit wirklich ist und bedeuten kann.

Es geht im Leben häufig darum, dass Menschen soziale Bindungen haben.

Mal freiwillig in ihren Freunden, oft aber auch unfreiwillig in ihren Familien oder in ihrem beruflichen Umfeld.

In Ihrem Leben unterliegen Sie aber wiederholt Bindungen, die Ihnen nicht gut tun. Denn diese schränken Sie in Ihrer persönlichen Entfaltung des Lebens allzu oft ein. Die Kompromisse, die Sie eingehen müssen, gehen Sie nicht immer gerne ein. Für eine Partnerschaft lohnt es sich vielleicht, aber für die Arbeit lohnt es nicht unbedingt.

Ein Kompromiss aus Liebe ist gut.

Ein Kompromiss des Geldes wegen ist ein Verrat an der eigenen Seele. Sie verkaufen dann sich selbst und nicht nur Ihre Arbeitsleistung und Ihre Fähigkeiten.

Man hat immer eine Wahl, heißt es.

Doch in Wirklichkeit haben Sie diese leider nicht immer.

Oder vielleicht doch?

- ☞ Wer entscheidet über den Verlauf Ihres Lebens?
  Ist es der Arbeitgeber?
  Sind es Ihre Eltern?
  Sind es Ihre Freunde oder Ihre Lebenspartner?
- ☞ Wer entscheidet überhaupt, was Sie wollen und was Sie nicht wollen?
- ☞ Was Sie machen und wo es in Ihrem Leben hingehen soll?

Letztendlich sind es doch immer Sie selbst, die diese Entscheidungen treffen. Nur *SIE* alleine planen und begehen Ihr Leben. Sie laufen auf Ihren ganz eigenen und ganz persönlichen Wegen. Sie selbst hissen die Segel und steuern Ihr Schiff, durch Ihren Ozean des Lebens.
Mit den, für Sie ganz eigenen, Stürmen und Katastrophen.
Ihren ganz eigenen Krisen, Problemen und Bedürfnissen.
Auf dem Weg nehmen Sie andere Menschen mit. Sie gewähren ihnen Zugang zu Ihrem Herzen und oft auch zu Ihrer Seele. Dadurch nehmen Sie aber zwangsläufig auch an deren Krisen teil. Es mag manchmal gut sein, eine aufgetretene Krise gemeinsam zu überstehen. Für eine Beziehung ist

so etwas normalerweise auch ein elementarer Bestandteil, welcher die Liebe festigen kann. Sie erwarten dies auch von Ihren Partnern. Dieser soll Ihnen helfen, wenn Sie Probleme mit Ihren Segeln haben und Sie dazu drohen, in einem Orkan oder einem Strudel aus Sorgen zu versinken.

Doch von der anderen Seite betrachtet, hätte der Partner dieses Problem auch nicht, wenn er die Beziehung nicht eingegangen wäre. Er hat das Problem, weil der andere ein Problem hat. Somit machen Sie Ihr Problem auch zum Problem des Menschen, den Sie doch eigentlich lieben und schützen wollen.

"Wenn wir keine Beziehungen eingehen würden, hätten wir somit nur halb so viel Leid zu ertragen." *(Tobias van der Velde)*

Hätte ich, wie im obigen Beispiel geschrieben, noch Kontakt zu meiner Mutter, hätte ich unter ihrem Tod gelitten. Ich wäre den Weg der Trauer gegangen, so wie jeder Mensch es hätte machen müssen. Aber diesen Kontakt hatte ich nicht und somit war es mir egal. Der Tod löste in mir nichts aus, weil ich keine Bindung zu ihr hatte. Beim Tod eines Fremden trauern wir nun mal nicht. Es tut uns Leid für die Familien und dass der Mensch sein Leben lassen musste, aber trauern werden wir dadurch nicht.

~ ~ ~ ~

Krisen die durch den Tod hervorgerufen werden, sind begleitet von dem schmerzhaften Gefühl der Trauer.

Die Schwere der Trauer liegt immer auch in den Umständen des Todes. Ist der Tod plötzlich eingetreten oder wurde dieser seit Jahren erwartet und ist somit vielleicht sogar eine Erlösung für den Verstorbenen und für die Familie. Das ist wichtig, wenn die betroffenen Personen sich ihrer ganz persönlichen Trauerarbeit stellen wollen und sogar müssen.

Die Trauer braucht Zeit. Das heißt aber nicht, dass die Zeit den Schmerz der Trauer heilen wird. Die Zeit heilt längst nicht alle Wunden im Leben. Aber der Lauf der Zeit kann dabei helfen, Wege zu finden, mit den Emotionen umzugehen.

In der Trauer geht es letztendlich auch darum, seine Emotionen zu ordnen und sich seiner Liebe bewusst zu werden. Trauer ist gut. Auch wenn wir das, in dem Moment, nicht erkennen wollen und auch nicht können.

☞ Der Schmerz wird aber nicht vergehen.

☞ Der Schmerz wird manchmal erträglicher und mit etwas Glück auch kontrollierbarer.

☞ Der Schmerz wird an Kraft verlieren, doch er wird auch bleiben.

Da darf sich keiner falsche Hoffnungen machen. Wer hier zu viel hofft und glaubt, Trauer vergeht von alleine, kann böse überrascht werden.

Wie in jeder Krise hilft nur, sich mit dem Thema zu befassen sowie sich intensiv innerlich und auch äußerlich damit auseinander zu setzen. Alleine geht das kaum. Professionelle Hilfe ist gut. Aber zaubern können diese Menschen auch nicht. Die eigentliche Arbeit liegt immer in jedem einzelnen verborgen.

Wir können ein Kind unterstützen zu laufen, aber die Schritte, muss jedes Kind selber begehen.

~ ~ ~ ~

Eine Katastrophe z. B. trägt in einem Land dazu bei, dass es sich neu aufstellen muss. Das gilt sicherlich gleichermaßen für Kriege.

Währenddessen erfordern diese Ereignisse einen Zusammenhalt untereinander. Es würde auch gar nicht anders gehen. Niemand käme alleine aus einer solchen Situation heraus.

Große Katastrophen wie Tsunamis, Erdbeben etc. bringen erst einmal die Menschen zusammen. Jeder versucht zu helfen und zu retten. Es ist unwichtig, wie Sie zu sozialen Dingen eingestellt sind und ob Sie den hilfsbedürftigen Menschen kennen. Es ist auch egal, ob Sie diesen Menschen mögen. Im Ernstfall helfen Sie auch Ihren Feinden oder dem verhassten Nachbarn.

Das kann vereinen und vergessen lassen, was in der Vergangenheit vorgefallen ist.

Es geht schlicht um eines:

„Den Urinstinkt des Überlebens."

Da wir Menschen bekanntlich zu den Rudeltieren gehören, retten wir nicht nur uns und unsere liebsten, sondern auch alle in unserem Umfeld. Egal was uns irgendwann vorher auch angetan wurde, wir würden niemanden zurück lassen. Dies ist eine gute Chance für den sozialen Neubeginn. Das Land muss ebenso wieder aufgebaut werden sowie auch die gesellschaftlichen Verbindungen wieder hergestellt werden müssen.

Diese gemeinsamen, meist schlimmen, Erlebnisse können untereinander verbinden und für neue Beziehungen sorgen.

Ein Mann aus dem Kosovo erzählte mir von seiner Zeit im Krieg. Dort hatte er ein schönes Haus gebaut. Doch mit dem Nachbarn war es schon lange nicht mehr gut gestellt.

Viele und teilweise auch haltlose Anschuldigungen standen im Raum. Das ging bis zu Vorwürfen über einen Missbrauch an der Tochter. Jede Begegnung auf der Straße endete gewaltsam. Im Krieg wurde das Haus von diesem Mann, wie bei so vielen anderen auch, zerstört. Tage drauf dann auch das Haus seines Nachbarn. Dieser verlor in diesem Haus fast seine ganze Familie. Der andere Mann zum Glück "nur" sein Haus. Sie halfen sich gegenseitig und retteten sich buchstäblich den Hintern. Kein Streit stand zeitweise mehr im Raum. Fast vergessen waren die Vorwürfe. Frieden herrschte zwischen den beiden. Sie bauten gemeinsam die Häuser wieder auf und der Nachbar bekam viel Trost von diesem Mann, wegen der Opfer aus der Familie. Sie waren Freunde wie früher. Wochen später traf es den einen Mann wieder. Soldaten überfielen das Haus, raubten ihn aus, vergewaltigten seine Frau und verletzten ihn schwer. Er schwor sich nun Rache. So, wie es wahrscheinlich viele Menschen, in dieser Situation, getan hätten.

Doch die beiden Männer hielten wieder zusammen und halfen sich. Der Mann konnte seinen Freund davon abbringen, sich in ein größeres Unglück zu stürzen. Sie haben in der ersten, tiefen Krise fast alles verloren und es geschafft, zueinander zu finden und sich zu helfen.

Auch jetzt halfen Sie sich. Doch die Verluste und Probleme in dem Krieg waren zu schwer, so kamen sie nach Deutschland. Wenige Wochen später ging einer zurück und wollte alles neu aufbauen. In Wahrheit suchte er den Weg der Vergeltung. Der andere Mann ging viele Jahre später auch zurück. Sie fanden sich und zusammen sind sie glücklich und leben wieder nebeneinander. Der Krieg hat sie wieder vereint und die, daraus nachfolgenden, Probleme haben deren Beziehung gefestigt. Daraus ist eine Freundschaft entstanden. Ein Neubeginn der ohne den Krieg so nicht vollzogen worden wäre.

In welcher Form der eine Mann seine Vergeltung bekommen hat, weiß ich nicht. Das ist aber auch sicherlich ein anderes Thema.

Das ganze Dorf war betroffen, ja eigentlich das ganze Land, wie in jedem, so unnützen, Krieg. In vielen Ländern, in denen seit Generationen Krieg herrscht, wissen viele nicht mal mehr, worum es geht. Aber anstatt zu fliehen, arrangieren sie sich mit der Situation. Sie leben und verbinden sich mit den anderen. So überleben sie.

Diese Menschen entwickeln die richtige Einstellung zum Leben, zur Situation und dessen Ausmaßen.

Das Problem an einer Krise ist nicht die Situation selbst, sondern lediglich die Art und Weise, wie wir mit der Situation umgehen, wie wir über sie denken und was wir daraus machen.

Das schlimme an einer Krise ist der eigene Frust und das unter Umständen verletzte Ego, das wir erleiden müssen. Wir dürfen nicht in der Situation verweilen und dem Problem zu viel Macht über uns geben. Denn Probleme haben keine Macht, wenn wir ihnen keine Möglichkeit zum verweilen einräumen.

Das, was wir nicht an uns heran lassen und das, was wir nicht an unsere Seele lassen, kann uns auch nicht im tiefsten verletzen.

Wenn Sie selbst Ihre Mitmenschen beispielsweise eine Armlänge auf Abstand halten, kann Ihnen nicht so viel passieren, als wenn Sie den körperlichen Kontakt zulassen.

Mein früherer Karatelehrer sagt immer:

"Du hast eine Sicherheitszone um dich herum und keiner darf diese betreten. Schafft es einer in diese Zone, hast du kaum noch Möglichkeiten dich zu wehren."

Wenn Sie sich nicht mehr wehren können, führt das zu einem ausgeliefert sein und dieses dann normalerweise zu Leid. Doch Leiden wollen Sie nicht. Sie können im Leben zumindest ein Stück weit Einfluss auf Ihre Sicherheitszone nehmen. Natürlich können Sie nicht alles von sich fern halten, aber einen Teil von außen können Sie auch außen lassen.

~ ~ ~ ~

Eine Metapher zum Nachdenken:

Hart und unermüdlich arbeiten viele Menschen tagtäglich am Traum vom Eigenheim.

Vielen dieser Menschen bleibt die Erfüllung eines solchen Traumes jedoch dauerhaft verwehrt. Die finanziellen Mittel dazu reichen nicht aus.

Trotzdem arbeiten diese Menschen weiter und träumen davon, irgendwann einmal ihren Traum umsetzen zu können. Sie geben nicht auf. Das ist gut, denn ein Traum hat so etwas auch nötig. Den Menschen tut es gut zu träumen und ein Ziel vor Augen zu haben, welches sie verfolgen können.

Andere wiederum, brauchen gar nicht so lange zu träumen. Das Geld ist da, so dass sie sofort los legen können, sich ein Stück Freiheit zu erwerben. Doch genau dort beginnen neue Probleme. Das Geld reicht vielleicht nicht vollständig aus und der Kauf muss finanziert werden.

Die Bank ist somit der eigentliche Besitzer und gewährt dem Schuldner die Freiheit auf Raten.

Da viele Menschen ein Haus kaufen oder bauen, sind Grundstücke eher rar gesät.

Das gekaufte Grundstück muss penibel und genau vermessen werden.

Eingefasst und streng begrenzt.

Umrandet von Holz und Maschendraht, gepaart mit hohen Hecken und Sträuchern, welche den Ein- und den Ausblick verhindern.

Ein großes Tor am Eingang, als Zugang zur lang erträumten Freiheit.

Mit, oftmals, nicht mehr als 10 oder 20 Metern Sicht zur einfassenden Hecke.

Ein Traum ist wahr geworden.

Viele lange, meistens harte und oft 10 bis 12 stündige Arbeitstage mit kilometerlangen Fahrtwegen.

Stress, Hektik und Unzufriedenheit als Preis für die Freiheit, die Sie, vor lauter Müdigkeit, nicht nutzen können. Dafür, dass Sie auf der Terrasse sitzen und über Ihre Wiese auf den Gartenzaun gucken, den Ausblick genießen. Ein Traum ist wahr geworden.

Diese Zäune schützen Sie vor Blicken von Außen. Vor Eindringlingen, die versuchen Sie zu belästigen oder zu berauben, weil sie bei Ihnen Beute vermuten.

Denn Sie haben es ja geschafft, sich einen Traum zu erfüllen. Sie sind frei und das zieht Neider an.

Ist das Freiheit?

Ich persönlich bin mir sicher, dass es das nicht ist. Damit möchte ich nicht tauschen. Eine Hütte im Wald verspricht für meine Seele mehr Freiheit. Es geht hier nicht darum, sich in einen Wald zurück zu ziehen, wie es Henry David Thoreau in seinem Buch Walden beschrieb.

Aber die Freiheit, die dort beschrieben wird, ist etwas Wunderbares.

Genauso, eingezäunt hinter emotionalen Zäunen, verhalten Sie sich aber auch allzu oft im sozialen Umfeld. Ein eng abgesteckter und eingezäunter Radius als Zeichen Ihrer Komfortzone. Streng limitierter Einlass. Kaum Sicht auf Sie und auf Ihre Person.

Sicherlich ist es gut, sich in einem gewissen Maße zu schützen und gut zu überlegen, wen Sie in Ihr Leben lassen. Es gibt genug Menschen, die Ihnen nicht gut gesonnen sind. Aber wenn Sie Ihre Zäune zu hoch bauen, werden Sie nie sehen, was dahinter, in der freien Welt, noch so vor sich geht.

Gut, Sie sieht auch keiner. Aber wahrnehmen wird Sie so, auf diese Weise, auch kaum jemand. Verschanzt und frei, leben Sie ein Leben in einem selbst errichteten Käfig.

Das nennen, nicht wenige, Menschen Freiheit.

☞ Doch wer sieht dann,
   wenn es Ihnen schlecht geht?
☞ Wer hilft, wenn es mal eng und kritisch wird?
☞ Wer ist für Sie da
   und wem können Sie vertrauen?

Die Welt ist so unendlich groß. Doch die Ihre, selbst errichtete Welt, ist so erbärmlich klein, so dass Sie drohen darin zu versinken.

"Niemals sollten Menschen vergessen, dass wir alleine NICHTS sind und alleine auch NICHT existieren können." (Tobias van der Velde)

Nagarjuna beschrieb es wie folgt:

"Nicht bin ich und nicht werd´ ich sein.
Nichts ist mein und nichts wird es sein."

Also sprengen Sie Ihre Grenzen und gehen über Ihren persönlichen Zaun hinweg. Vielleicht kürzen Sie die Höhe der Hecke an manchen Stellen. Sie sehen mehr und durchfluten Ihre Sicherheitszone mit neuem Leben.

☞ Was passiert schon,
   wenn ein Passant hineinsieht?
☞ Was passiert schon,
   wenn Sie dem Nachbar einmal zulächeln können?
☞ Was passiert schon schlimmes,
   wenn Sie beim Grillen dem Nachbar mit der Grillzange zuwinken und stolz zu Ihrem neuen Grill nicken?

Nichts!

Nichts wird passieren. Außer vielleicht, dass sich jemand anderes freut, weil Sie sich freuen. Das ist kein boshafter Neid. Das ist menschliche, liebevolle Anerkennung und Freude, weil jemand anderes glücklich ist.

~ ~ ~ ~

In einer Lebenskrise wird sicherlich niemand darüber nachdenken, dass hier etwas Gutes verborgen liegen kann. Keiner wird das sehen oder auch nur sehen wollen. Das ist gut, denn sonst würden Sie sich nicht richtig darum kümmern können. Sie müssen durch Krisen hindurch. Die volle Wucht ertragen und das gesamte Ausmaß erdulden. Erst dann können und müssen Sie nach vorne schauen und neu beginnen. Viele der bekannten und erfolgreichen Menschen haben finanzielle Desaster hinter sich. Nicht selten auch bis zur völligen Zahlungsunfähigkeit und zu hohen Schuldenbergen. Dem Absturz von oben können sie dabei, oft nur machtlos, von außen zusehen. Ein Aufhalten ist häufig nur schwer möglich. Viele planen bereits, während ihres Falls, den Neuaufstieg ihres ganz eigenen Olymps. Denn aufhalten können sie den Sturz ohnehin nicht mehr. Unten angekommen kämpfen sie sich wieder nach oben. Voll mit lauter neuen Ideen und mit den Dingen, die sie früher nicht angegangen sind.

☞ Sie versuchen es neu und besser zu machen.

☞ Sie lernen aus ihren Fehlern.

☞ Sie werden künftig den früheren Rat,
der dann doch nicht funktionierte,
besser machen und nicht auf diese Ratschläge hören.

☞ Sie werden ihrem eigenen Herzen folgen
und weiter kämpfen.

Gebrandmarkt von der Erfahrung der Krise.

Ist eine Krise aus dieser Sicht dann etwas Schlechtes?

Das muss sicherlich jeder selbst entscheiden. Aber dafür sollte auch jeder tief in sich gehen und objektiv betrachten und entscheiden. Doch genau hier liegt der Knackpunkt. In einer Krise Objektiv zu sein und seine eigenen, persönlichen Bezüge beiseite zu schieben, ist eine schwere Aufgabe. Ohne Hilfe, oftmals kaum möglich.

Das muss auch gar nicht sein, denn diesen Krisen-moment muss jeder für sich durchleben und eigenständig begehen.

Hier lernen Sie, worauf es ankommt.

☞ Sie lernen, worauf es im Leben ankommt.
☞ Worauf es in Ihrem ganz eigenen Leben ankommt.
☞ Sie lernen, was wichtig in einer Partnerschaft ist und was auch wieder nicht so wichtig ist, was Sie aber immer für wichtig erachtet haben.
☞ Sie lernen Ihre Fähigkeiten und Grenzen kennen.
☞ Sie lernen sich selber kennen.
☞ Sie lernen, auf was und auf wen Sie sich verlassen können und wen oder was Sie künftig besser meiden sollten.

Oft leben wir Jahre lang neben einem Menschen, um dann irgendwann zu erkennen, dass er nicht da ist, wenn wir ihn brauchen. Nicht nur in der Liebe. Ganz allgemein, im gesamten sozialen Umfeld.
Viele Menschen leben in dem Glauben, sie hätten eine gute Beziehung zu ihrem Chef und sind unentbehrlich für die Firma. Doch dann kommt ein anderer und übernimmt die Arbeit und der andere wird nicht mehr gebraucht. Das muss gar nicht böse von der Firma gemeint sein.
Denken Sie an angehende Rentner.
Jahrzehnte lang opfern sie sich für die Firma auf.

Bereits kurz vor dem Rentenantritt kommt schon der Ersatz. Die Firma muss schließlich weiter laufen.

"Das Leben geht weiter. Mit oder ohne uns."
(Tobias van der Velde)

So etwas stellt viele angehende Rentner vor tiefe seelische Krisen. Sie werden nun nicht mehr im gleichen Maße gebraucht wie früher.

Gesundheitlich steht es um viele auch oft nicht mehr so gut. Ein Maurer ist zum Ende seiner beruflichen Laufbahn meist nicht mehr so gesund, wie es z. B. ein Beamter ist. Mit Beginn der Rente werden sie dann gar nicht mehr benötigt. So manch einer stürzt sich auf die Enkel und hat so eine Aufgabe gefunden. Doch nicht jeder Mensch hat Kinder.

Hier, in so einer Krise, beginnt ein massives Problem bzw. eine Schiefstellung der eigenen Identität, der eigenen Persönlichkeit.

~ ~ ~ ~

Was ist unsere Identität?

Die persönliche Identität ist die einzigartige Struktur eines Menschen, die seine Persönlichkeit ausmacht. Die Identität ändert sich oft im Leben und unterliegt vielen äußeren Faktoren.
Somit ist die Identität so etwas wie ein lebenslanger Prozess.
Die Menschen definieren sich und ihr Leben immer wieder neu, weil sie sich stetig, an die jeweiligen Ereignisse im Leben, anpassen. Ob Sie das wollen oder nicht.

"Wir sind das Resultat dessen, was wir denken, fühlen, sagen oder machen." (Tobias van der Velde)

Ihr gesellschaftlicher Status, Ihre sozialen Kontakte und Ihre Familie, Ihre Einstellungen und Ihr Selbstbild machen Sie zu dem, was Sie sind, was Sie denken, fühlen, sagen oder machen. Sie sind das, was die Welt aus Ihnen macht. Wer hier nicht aufpasst, wird fremdgesteuert und wird sich von sich selbst entfernen. Sie werden nie erfahren, wer Sie wirklich sind.

Das ist eine Suche. Eine Suche nach sich selbst.
So können Sie sich folgende Fragen stellen:

☞ Wer bin ich?

☞ Was bin ich?

☞ Wofür bin ich gut?

☞ Wo geht es hin und wo komme ich her?

☞ Was macht mich aus?

☞ Was hat mich zu dem gemacht,
   was ich heute bin?

☞ Wer hat mich zu dem gemacht, der ich bin
   und was ich bin?

☞ Wer hat mein Leben mit geformt?

☞ Was bleibt mir noch, wenn dieses Etwas
   oder dieser Jemand geht?

☞ Welche Möglichkeiten habe ich noch?

☞ Kann ich mich neu formen?

☞ Woran glaube ich?

Genau hier beginnt der Weg, den Sie gehen müssen. Stein für Stein. Schritt für Schritt. Der Weg beginnt mit dem Entschluss, wieder glücklich zu sein. Das eigene Glück ist der Grund, warum Sie weiter machen. Das ist Ihr Bedürfnis nach Unversehrtheit. Das Glück liegt tief in Ihnen selbst.

Suchen Sie tief in sich, werden Sie viel schönes finden, was Sie glücklich macht.

Der deutsche Psychologe H. G. Petzold hat in einer Theorie die 5 Säulen der Identität erarbeitet. Diese sind eine Einteilung zur Entstehung und zum Erhalt der Identität.

Diese 5 Säulen sind:

1. Der Leib und die Leiblichkeit
2. Soziales Netzwerk bzw. das soziale Bezüge
3. Die Arbeit und die Leistung
4. Die materielle Sicherheit
5. Die persönlichen Werte

Alle diese Dinge beeinflussen das menschliche Leben und schaffen somit eine Grundlage für alles Weitere. Daraus entstehen auch die persönlichen Bedürfnisse, welche unser Leben immer wieder steuern. Hierfür leben und kämpfen wir täglich.
Damit Sie sich aus einer Krise befreien können, müssen Sie sich Gedanken machen, was Sie im Leben voran treibt.
Sie müssen sich ernsthafte und tiefe Gedanken um Ihre Identität und um Ihre Bedürfnisse machen.

Das heißt aber auch nichts anderes, als dass Sie sich Gedanken über sich selbst machen müssen, damit Sie sich selbst heilen können.

Machen Sie sich im folgenden Kapitel Gedanken über die Bedürfnisse eines Menschen!

~ ~ ~ ~

Jeder Mensch hat ganz eigene Bedürfnisse im Leben, welche starken Einfluss auf die Persönlichkeit und auf die Entwicklung des jeweiligen nehmen.
Es gibt in der Beratung, dem Coaching und in der Psychologie viele unterschiedliche Modelle über die Bedürfnisse eines Menschen.

In der Trauer und in Zeiten von Krisen bietet sich ein Modell von Klaus Grawe, meiner Meinung nach, unter allen anderen besonders an.

Die Grundbedürfnisse nach Klaus Grawe:

☞ Das Bedürfnis nach Selbstwerterhöhung
   und Selbstwertschutz
☞ Das Bindungsbedürfnis
☞ Das Bedürfnis nach Autonomie und Kontrolle
☞ Das Bedürfnis nach Lustgewinn
   und Unlustvermeidung

Die Bedürfnisse eines Menschen können einen Berater irgendwie immer in der Beratung begleiten und sind keine Erfindung speziell für die Trauerarbeit oder für die Krisen. Sie sind in der Beratung eine Art Grundlage der Kommunikation und werden in vielen psychologischen Schulungen geleert.

Im Leben stoßen Sie immer wieder auf Konflikte in den jeweiligen Bedürfnissen.

Denn auf der einen Seite können unbefriedigte Bedürfnisse einen Prozess des Lebens blockieren und auf der anderen Seite kann die Befriedigung dieser Bedürfnisse den Prozess im Leben immens erleichtern. Allerdings bekommen diese Bedürfnisse in einer Lebenskrise eine andere und meist auch elementare Bedeutung. Damit Sie im Leben voran kommen, müssen Sie sich um Ihre ganz eigenen Bedürfnisse besonders kümmern, auf sie eingehen und versuchen an ihnen zu arbeiten und eventuell dadurch Erkenntnisse über Ihr jeweiliges Verhalten zu bekommen. Sie müssen sich fragen, warum diese Krise, diese Trauer oder diese Traumatisierung bei Ihnen unter Umständen so tief und so fest sitzt, dass es Sie in Ihrem Leben blockiert und weitere Probleme nach sich zieht?

Ich selbst frage mich im Leben immer wieder: Ist dieses Problem welches ich jetzt habe, vielleicht der Grund oder das Resultat anderer Probleme?

In der Trauer zum Beispiel könnte man sich die Frage stellen:

"Ist die Trauer der Grund für andere Probleme oder sind die aufgetretenen Probleme, der Grund für die aufkommende Trauer?" (Tobias van der Velde)

Das ist ohne Hilfe nur sehr schwer und mühsam zu erörtern. Dabei kann es eigentlich ganz einfach sein. Denn die Antwort darauf finden Sie immer, in eben diesen oben genannten Grundbedürfnissen eines Menschen. Diese sind es nämlich, die das Leben des jeweiligen Menschen steuern.

☞ Daraus entstehen Verhaltensweisen und Muster.
☞ Daraus entstehen wiederum oft auch Probleme, weil nicht jedes Ihrer Verhaltensweisen nützlich ist.

Wenn Sie erkennen können, in welchem grundlegendem Bedürfnis Sie Differenzen haben, können Sie dies für den eigenen Heilungsprozess nutzen. Die Arbeit an einer Krise kann genau hier beginnen. Wenn ich mit Klienten spreche, ganz egal ob im Coaching oder Trauerbegleitung, versuche ich genau hier, bereits in der ersten Sitzung oder schon im ersten Telefonat, mir ein Bild davon zu machen, welche Bedürfnisse der Klient überhaupt im Leben hat und welche Bedürfnisse durch den Verlust eines geliebten Menschen, oder, wie im Coaching viel häufiger anzutreffen, durch ein Problem oder einen unangenehmen Umstand verletzt wurden.

Die Frage ist hier:

☞ Wobei werden Sie gestört?

☞ Was mussten Sie ändern oder aufgeben?

☞ Wie kann es sein, dass ein Umstand bzw.
  ein Ereignis im Leben dazu führt,
    dass es einen Menschen,
      unter Umständen, komplett aus der Bahn wirft?

Oder auch:

- ☞ Wie kann es sein, dass Sie
  so lange nichts gesagt haben?
- ☞ Warum blockiert Sie dieses Ereignis
  so dermaßen, dass Sie sogar die Kontrolle
  über Ihr Leben verlieren?

Solche oder auch ähnliche Fragen können Sie sich selbst stellen, bevor Sie in eine Beratung gehen oder mit Freunden oder der Familie sprechen.
Auch zu sich selbst, als eine Art Selbsthilfe.
Anhand solcher oder ähnlicher Fragen erstelle ich vor einem Erstgespräch mit meinen Klienten eine Art Anamnesebogen, der ausschließlich auf dem ersten, meist nur telefonischen, Kontakt beruht.

Fassen wir einmal zusammen und bringen es auf den Punkt:

Sie haben bestimmte Bedürfnisse im Leben.
Das ist Fakt und um diese müssen Sie sich auch kümmern. Bewusst oder unbewusst.

Dazu gehören die grundlegenden physiologischen Bedürfnisse, wie z. B. Schlaf, Nahrung, Liebe und vielleicht ein Dach über dem Kopf.
Aber auch die emotionalen und die sozialen Bedürfnisse spielen eine große Rolle in Ihrem Leben. Diese sind beispielsweise Sicherheit, Anerkennung, Bindung, Macht und auch ein intaktes Selbstwertgefühl.
Ihr Verhalten und Ihre Handlungen dienen, letztlich immer, auch der Befriedigung Ihrer Bedürfnisse. Die Motive hier sind vielfältig und nicht immer einfach. Ihre Handlungen führen Sie auch immer wieder zu Konflikten. Sie handeln, weil Sie sich an etwas annähern möchten und handeln vielleicht auch nicht, weil Sie etwas vermeiden möchten. Das kann zu einem Konflikt in Ihnen selbst führen.
In der psychologischen Beratung nennt sich dies

auch Annäherungs- und Vermeidungskonflikt.

Sie vermeiden eine Handlung, weil sie Ihnen, wie auch immer, eventuell schwer fällt, obwohl Sie genau wissen, dass diese Handlung Ihnen bei Ihrem Problem helfen könnte. Sie kennen das alle aus der Partnerschaft. Hier ordnen Sie sich manchmal unter und gehen Diskussionen aus dem Weg, weil sie dem anderen oder der Beziehung schaden könnten.

Kommen wir jetzt noch einmal zu den Bedürfnissen im Einzelnen.

Welche Bedürfnisse gibt es jetzt?

☞ Das Bedürfnis nach Orientierung
und Kontrolle
☞ Das Bedürfnis nach Selbstwerterhöhung
und Selbstwertschutz
☞ Das Bedürfnis nach Lustgewinn
und Unlustvermeidung
☞ Das Bindungsbedürfnis

1. Das Bedürfnis nach Orientierung und Kontrolle

Im Allgemeinen sind wir Menschen der Meinung, dass wir unsere Umwelt selbst gestalten und unsere Ziele erreichen können.

Sie formen Ihr Leben selbst und sind der Herr, in genau diesem Leben. Bis etwas passiert und eine, für Sie, höhere Gewalt von außen auf Sie einwirkt.

Seien es Unfälle oder auch Krankheiten, Gewalt oder Missbrauch, Tod oder Trennungen, Verlust des Jobs oder vieles andere. All solche Dinge zeigen Ihnen, dass Sie die Kontrolle nicht halten konnten und auch Ihre Orientierung verloren haben. Sie werden in Ihrem Recht auf Integrität verletzt.

2. Das Bedürfnis nach Selbstwerterhöhung und Selbstwertschutz

Ein Punkt, der Sie von anderen Lebewesen unterscheidet ist, dass Sie ein Selbstwertgefühl haben, welches Sie um jeden Preis schützen und erhöhen wollen. Der Mensch möchte von anderen geschätzt und geachtet werden, sich kompetent und wertvoll fühlen.

Ein ganz wichtiger Punkt, der einzig und allein dazu dient, sich selbst gut zu fühlen. Traumatische Ereignisse können das eigene Selbstbild stark in Mitleidenschaft ziehen.

Hierbei geht es also ausschließlich um Sie selbst.

3. Das Bedürfnis nach Lustgewinn und Unlustvermeidung

Wir alle möchten etwas Angenehmes erleben und unangenehmen aus dem Weg gehen. Doch das geht leider nicht immer. Sie müssen sich im Leben immer wieder Situationen stellen, die für Sie unangenehm sind und auf die Sie vielleicht keine Lust oder vor denen Sie sogar Angst haben.

Diese versuchen Sie zu vermeiden und machen stattdessen lieber etwas Angenehmes. Das beginnt bereits im kleinen Rahmen. Anstelle sich um die Steuererklärung zu kümmern oder Rechnungen zu bezahlen gehen Sie lieber mit Freunden ein Bier trinken.

4. Das Bindungsbedürfnis

Menschen haben das Bedürfnis nach sicheren und vertrauten Beziehungen.

Sie wünschen sich in einer Bindung, gleich welcher Art, anerkannt und geschätzt zu werden. Durch die Bindung an eine andere Person erhoffen Sie sich, unter anderem, auch Sicherheit und Schutz. Im Falle einer Trennung zu dieser anderen Person bricht das Bedürfnis nach Bindung umso mehr heraus. All das, was Sie sich durch die Bindung erhofft haben, geht verloren.

Es ist nicht schwer zu erkennen, wie wichtig Bedürfnisse für Sie sind. Meist werden Sie diese gar nicht bewusst wahrnehmen, denn sie sind für Sie so selbstverständlich geworden, dass Sie diese einfach nicht mehr sehen.

Wie so vieles im Leben nehmen Sie das, was Sie täglich umgibt, für selbstverständlich und normal hin. Es ist einfach da und war immer da. Bis es eines Tages eben nicht mehr da ist.

Doch vergessen Sie nie. Egal was für ein Problem Sie ereilte, welche Hürden auch vor Ihnen liegen, Ihre ganz eigenen Bedürfnisse bleiben bestehen und helfen Ihnen nach vorne zu schauen und an sich selbst zu arbeiten.

Jeder Schicksalsschlag ruft den tiefsten und innersten Wunsch nach Glück und Frieden in Ihnen hervor. Dieser Gedanke ist es, der Sie wirklich genesen lässt und der Sie zu Kämpfern macht.

Zu beachten ist beispielsweise auch die Tatsache, dass Krisen und speziell auch die Trauer häufig etwas sind, was aus dem sozialen Gefüge heraus entsteht.

Sie haben sich dazu entschieden, ein soziales Umfeld, also Freunde und Familie, in Ihr Leben zu integrieren. Diese Menschen lieben Sie und sie bereichern ihr Leben. Das Leben wird gemeinsam geplant, ganz nach den jeweiligen Bedürfnissen. Stirbt jemand aus diesem Gefüge, beginnen Sie zu trauern. Aus Liebe oder auch aus Enttäuschung. Enttäuschung darüber, weil die gemeinsamen Pläne beendet sind und nicht wie geplant weitergeführt werden können. Man könnte sich fragen, worum überhaupt getrauert wird.

"Trauern wir um den Tod eines geliebten Menschen, oder beklagen wir unseren eigenen Verlust?"
(Filmzitat: Best exotic Marygold Hotel)

Ich bin kein Freund davon, etwas zu klassifizieren und in Phasen einzuteilen.

Jedoch hilft es, in manchen Situationen, ein besseres Gesamtbild zu erhalten.

In vielen Bereichen gibt es solche Modelle. So auch für den Bereich der Krisen.

Die Phasen für Krisen sind ein theoretisches Gerüst, welches im Coaching und der Beratung helfen kann, einen Klienten zu lokalisieren. Es ist sehr theoretisch, da sich die Menschen nicht an dieses Modell halten und auch die Reihenfolge nicht verbindlich ist. Selbst wenn, dann würde es niemandem etwas bringen. Es führt zu nichts greifbarem.

Solche Phasenmodelle gibt es durchaus viele und am bekanntesten sind sicher die unterschiedlichen Modelle zu den Trauerphasen.

Die Trauerphasen wiederum sind gut zu vergleichen mit dem Phasenmodell für Krisen von Kurt Lewin, dem Begründer der Sozialpsychologie.

Dieser hat schon 1947 vorgeschlagen, Krisen und Veränderungen in Phasen einzuteilen.

(Auszug aus dem Handbuch Coaching von Dr. Migge)

Diese sind:

- ☞ Schock
- ☞ Verneinung
- ☞ Einsicht
- ☞ Erkennen der Emotion -
  diese wird abgelehnt und bekämpft
- ☞ Emotionale Akzeptanz
- ☞ Ausprobieren
- ☞ Erkenntnis

Ob und wie man solche Phasenmodelle für sich nutzen kann, muss sicherlich auch jeder selbst entscheiden. Aber eine Vorstellung von Verläufen zu haben ist sicher nicht verkehrt. Sie können aufzeigen, wo wir uns in einer Krise befinden und dass es vielleicht sogar normal ist, wie wir uns verhalten. Wirklich helfen, in Bezug auf eine Art Heilung oder Genesung, können sie selbst im Coaching oder in der Beratung, nicht nur meiner Meinung nach, aber auch nicht.

Denn die Frage ist auch hierbei, welchen Nutzen haben diese Phasen für den Klienten und welchen Nutzen haben sie für den Berater. Angenommen diese Phasen sind eher ein Modell für den Berater, dann sollten wir uns fragen, welchen Vorteil dieser Nutzen des Beraters, dann auch für den Klienten hat. Was bringt es dem Trauerverlauf, wenn die trauernde Person in einer Phase lokalisiert wird. Der Trauer und der Krise selbst ist so etwas egal und dem Klienten doch eigentlich auch. Denn dieser will nur einen Weg finden, mit der Krise umzugehen und die Ausmaße zu verarbeiten. Der Klient hat zum Beispiel einen geliebten Menschen verloren und da interessiert es ihn herzlich wenig, ob er sich gerade in einer Phase des Schocks oder in anderen Phasen befindet. Berater müssen ihm helfen, diesen Weg zu gehen und zur Seite stehen. Aber sie dürfen ihn nicht unnötig kategorisieren und in Schubladen packen.

Das passiert ganz schnell, wenn man sich allzu sehr auf solche Modelle stürzt.

Vergessen wir niemals:

"In jeder Lebenskrise findet sich auch immer etwas Hoffnung und etwas Gutes, das wir für die Bewältigung dieser Krise benötigen."

(Tobias van der Velde)

Nicht immer ist es leicht zu sehen. Doch es ist da. Verborgen in Ihrem Kummer und in Ihrem Selbstmitleid. Es ist egal, wie dunkel es durch die Krise in Ihrem Leben geworden ist.

Sie müssen nach Ihren ganz eigenen, persönlichen Wegweisern Ausschau halten und diesen dann nur noch folgen.

Denken Sie an einen Sternenhimmel. Erst wenn es dunkel geworden ist, können Sie weit oben die Sterne sehen. Sie leuchten Ihnen wie ein Leuchtfeuer in der Nacht und begleiten Sie auf Ihrem Weg.

Es ist von immenser Bedeutung, dass diese ganz eigenen Leuchtfeuer in der Krise auch erkannt werden und diesen dann auch gefolgt werden kann.

"Leuchtfeuer weisen uns den Weg durch unsere Probleme. Aber sie zeigen uns nicht nur den Weg, sondern auch unser Ziel." (Tobias van der Velde)

Das ist gut, denn ein wirkliches Ziel haben Sie in Krisenzeiten und bei schweren Problemen ganz sicher nicht vor Augen. Für die Bewältigung und für das Erreichen dieses Ziels benötigen Sie ein gesundes Gedankengut.

Von diesen guten Gedanken hängt besonders viel in Ihrem Leben ab.

Marcus Aurelius sagte:

„Das Glück deines Lebens hängt von der Beschaffenheit deiner Gedanken ab."

Durch Ihre Gedanken formen Sie Ihr Schicksal. Sie können Einfluss auf den Verlauf des Lebens nehmen. Wenn Sie glücklich denken, werden Sie auch Glück erfahren. Denken Sie stetig negativ, wird sich das Glück von Ihnen entfernen. Es liegt also an Ihnen, wie Sie denken und handeln und was Ihnen deswegen widerfährt. Ihre Gedanken werden zu Taten und formen so Ihr Schicksal.

Wenn Sie beginnen, das Glück selbst in die Hand zu nehmen, werden Sie zum Kapitän Ihres Lebens und befreien sich so von allen belastenden Gedanken.

~ ~ ~ ~

Bitte lesen Sie die folgenden Kapitel mit Bedacht, denn Sie sind teilweise sehr kritisch. Der Glaube und die Religion sind etwas sehr wertvolles und bereicherndes. Doch leider ist der Umgang in der Gesellschaft nicht korrekt. Oft selbstsüchtig und nur auf den eigenen Vorteil ausgerichtet. Religion, Glaube und Hoffnung sind etwas, was Ihnen, nicht nur in Krisenzeiten, das Leben erleichtern kann.

Blaise Pascal ein französischer Mathematiker, Physiker, Literat und christlicher Philosoph hat eine These zum Thema Glauben aufgestellt.

"Die pascalsche Wette ist Blaise Pascals berühmtes Argument für den Glauben an Gott. Pascal argumentiert, es sei stets eine bessere „Wette", an Gott zu glauben, weil der Erwartungswert des Gewinns, der durch den Glauben an einen Gott erreicht werden könne, stets größer sei als der Erwartungswert im Fall des Unglaubens."

(Auszug aus dem Artikel in Wikipeda)

Das ist, für sich genommen, eigentlich gar kein so schlechter Gedanke. Diese "Wette" besagt nichts anderes, als dass Sie nichts zu verlieren haben. Sie vergeben sich nichts mit dem Versuch etwas zu glauben oder sich einer spirituellen Ausrichtung hin zugeben.

Ich möchte hier keinem seine Hoffnung nehmen. Jedoch stellt sich die Frage, was diese Hoffnung bringen soll, sich nur in der Not einer Religion zu zuwenden. Dies führt eher zu einer Enttäuschung und somit zu noch mehr Leid.

Denn:

"Hoffnung ist die übelste der Übel, weil sie in Wahrheit die Qual der Menschen verlängert."
(Friedrich Nietzsche)

Ein, auf den ersten Blick, sehr hartes Zitat, welches schnell falsch verstanden werden kann.

Doch steckt hier viel Wahres verborgen. Wenn Sie auf etwas hoffen, also Hoffnung haben, dann haben Sie die Zuversicht, dass es irgendwann besser wird. Dass sich irgendwann etwas ändert oder dass Sie sogar erlöst werden. Eine schlecht angesetzte Hoffnung und die tiefe euphemistische Zuversicht dazu, können dazu beitragen, deutlich länger zu leiden als notwendig. Das quält und zerrt an der Seele. Wer beispielsweise auf die Erlösung im Jenseits hofft, muss erst einmal sein Leben hinter sich bringen.

Dieser Mensch verlängert die Qual seines Leides, somit um die Restzeit seines Lebens. Das muss nicht sein. Die Hoffnung auf ein Wiedersehen im Jenseits ist eine Hoffnung, die im Todesfall den Hinterbliebenen gut tut. Aber bis dahin, müssen Sie etwas machen. Erst einmal, leben Sie ohne den geliebten Menschen weiter. Zusammen mit der Last der Trauer. Im Todesfall hoffen Sie, dass es dem Verstorbenen, dort wo er hin gegangen ist, gut geht. Vielleicht sogar besser geht als vorher. Sie hoffen, dass ihm die Schmerzen der Krankheit und das Leid des Lebens nun erspart bleiben.

Aber was ist mit dem Hinterbliebenen?

Dieser trauert, leidet, hat Schmerzen, befindet sich in einer tiefen Lebenskrise.

Dieser Zurückgebliebene hat vielleicht finanzielle Probleme durch den Tod des Partners oder Nöte jeglicher Art. Die Hoffnung bringt da nicht ganz so viel, wie es häufig erhofft wird. Sie kann Trost spenden, aber das Problem und die Krise nicht beseitigen.

Im Buddhismus heißt es im Grundsatz, dass das Leben dem Leid unterworfen ist. Dass alles im Leben letztendlich leidvoll oder vom Leid behaftet ist.

Dies bedeutet dann aber auch, dass Glück und Liebe auch dem Leid unterliegen. Jedes Bestreben nach Glück führt also doch nur wieder zum Leid. Ein ewiger Kreislauf der zu nichts führt, außer zum Leid. So etwas können Sie nicht ändern. Was Sie aber ändern können, ist die Art und Weise, wie Sie damit umgehen. Nicht mit der leidvollen Situation, sondern es geht um das Leiden an sich. Halten Sie am Glück oder an dem Versuch der Glückseligkeit fest, halten Sie auch am Leiden fest.

Es ist sicher schwierig dafür eine Lösung zu finden. Denn auch der Versuch führt zum Leid.

Aber Sie müssen es auch gar nicht versuchen. Das Leben anzunehmen wie es kommt und auch so zu belassen wie es ist, ist der einzige Schritt, den Sie machen können, um sich vom Leid zu befreien. Es sind meistens die kleinen Dinge im Leben, die Sie weiter bringen. Sie müssen diese kleinen Erfolge auf Ihrem Weg nur erkennen und dürfen sich dieser nicht verschließen.

"Auch die kleinsten Steine bilden in der Summe einen Weg." (Chinesische Weisheit)

Zu glauben bedeutet vertrauen. Etwas anzunehmen und nicht zu wissen, ob es auch wirklich gut ist. Die Menschen vertrauen auf die alten Dogmen und die Weisheitslehren unserer doch so hoch angesehenen Vorfahren. Den heiligen Männern aus den Ländern, die sie ohne diese Männer gar nicht kennen würden. Oder kennen Sie Orte wie Kapilavatsu, Mekka, Medina, Jerusalem, oder Varanasi ohne einen Bezug zu einer Religion. Wahrscheinlich wohl nicht. Sie vertrauen also auf das, was Ihnen vorgegeben wird. So funktionieren Religionen. Buddha betonte zwar immer, man solle ihm nicht blind folgen und seine Lehre prüfen. Wie auch immer das gehen soll. Aber ohne ihn gäbe es den Weg des Dharma, der buddhistischen Lehre, wohl eher nicht. Somit ist ein gewisses Maß an Vertrauen erst einmal nötig.
Die Fähigkeit an etwas zu glauben, ist allen Menschen angeboren.

Dieser Begabung verdanken Sie immens viel. Leider geht sie im Laufe der Jahre oft verloren. Doch Begabungen schlummern tief in Ihnen und warten nur darauf, wieder erweckt zu werden. Eine Begabung kann man nicht verlernen. Nur etwas aus der Übung können Sie kommen.

In schwierigen Zeiten neigen viele Menschen oft dazu, sich einer religiösen Praxis zu zuwenden.

Besser gesagt, sie fangen an zu beten. Sie fluchen und schreien dem Himmel entgegen. Sie erbitten Gnade und Besserung. Sie schwören und geloben Besserung der Lebensweise, sowie eine treue Ergebenheit in der Zukunft.

Ein solches Verhalten ist schon irgendwie seltsam. Aber sicherlich verständlich. Die Menschen sind verzweifelt und suchen, durch eine Anflehung an eine höhere Macht, eine Hilfe und eine Form von Erlösung. Es ist sicherlich gut, wenn jemand es schafft, in schweren Zeiten seinen Glauben zu finden. Sehr viele Menschen verlieren leider ihren Glauben in dieser Zeit. Darum ist ein Gebet erst einmal gut.

Irgendwie stellt sich aber doch die Frage, an wen sich diese Menschen wenden. Wenn sie sonst nicht gläubig sind, ist es doch eher eine Farce. Eine Heuchelei sowie auch eine Verspottung der betroffenen Religion und letztlich doch auch der eigenen Seele. Sich die nächst beste Religion zu nehmen und dort flehen und auf Hilfe hoffen, wirkt eher lächerlich.

Denn es macht große Unterschiede, ob jemand zu Gott im Christentum, Allah im Islam, Buddha im Buddhismus oder wem auch immer beten. Die Hilfe, wenn es denn überhaupt eine gibt, ist in allen Religionen unterschiedlich.

Der Buddhismus geht der Ursache für Krisen ganz anders auf den Grund, als es beispielsweise der Islam machen würde. Im Buddhismus führt eine Anbetung im Notfall, doch eher zu nichts, da alles in Ihnen selbst an Ihr Karma geheftet ist. Selbst Buddha kann da nichts ausrichten. Schließlich ist er dafür gar nicht da und auch nicht dafür verantwortlich.

Das Beten an sich führt auch nur zu etwas, wenn Sie wirklich beten können und Ihr Herz sowie auch Ihre Seele bereit dazu sind. Denn im Gebet öffnen Sie sich und helfen sich letztendlich doch von innen heraus selbst. Ein Gebet ohne die richtige und nötige Einstellung dazu, sind nur Worte bzw. Worthülsen.

Mein buddhistischer Lehrer sagte einmal:

"Wenn dein Geist nicht die richtige Weite hat und du mit dem Herzen nicht bei der Sache bist, kannst du anstelle eines buddhistischen Mantras auch Coca Cola sagen. Es wird dir einfach nichts bringen."

Umgekehrt heißt dies dann aber vielleicht auch, dass das Wort Coca Cola mit der richtigen Geisteshaltung gesprochen, auch eine Wirkung haben kann. Vielleicht aber auch nicht. Wer weiß das schon? Fakt ist aber, dass Menschen die nicht gläubig sind und in einer Krise, zu wem auch immer beten, genauso gut Coca Cola rufen könnten.

An etwas zu glauben oder sich einer spirituellen Praxis hinzugeben, kann das eigene Leben immens bereichern. Es geht hier überhaupt nicht darum, an das einzig Richtige zu glauben. Dieses einzig Richtige gibt es nicht und da geht es auch nicht drum. Viel mehr geht es in allen Religionen darum, glücklich zu sein, ein besserer Mensch zu werden, nach Werten zu streben und nach diesen Werten dann auch zu leben.

In einer Religion entwickeln wir Moral und Liebe. Wir suchen Antworten auf unsere Fragen zum Leben und auch zum Tod.

Vor vielen Jahren habe ich mich bewusst dem Buddhismus zugewandt. Ich war auf der Suche nach Antworten und fand genau diese Antworten im Buddhismus. Das heißt aber nicht, dass ich behaupte der Buddhismus ist das einzig Wahre auf der Welt. Hätte ich damals vielleicht andere Fragen gestellt, hätte ich unter Umständen meine Antworten auch in einer anderen Religion gefunden.

Aber der Buddhismus hat eine Wertvorstellung vom Leben, die meiner eigenen Vorstellung von Werten sehr nahe kommt. Das hat mich damals glücklich gemacht und ich beschäftigte mich tiefer mit der buddhistischen Materie. Ich suchte Glück im Leben und fand zumindest meinen eigenen Weg dahin.

☞ Sie haben in einer Religion nichts zu verlieren.
☞ Sie können nur gewinnen.

~ ~ ~ ~

Seit vielen tausend Jahren nutzen Menschen die Kunst der Meditation, um sich mit dem eigenen und mit dem Leben der anderen auseinanderzusetzen. Meditation ist nicht zwangsläufig an eine Religion geknüpft, wobei es sehr viele Glaubensrichtungen gibt, welche die Meditation als wesentlichen Kern ihrer Lehre nutzen oder sogar benötigen.

Doch ganz für sich genommen ist Meditation nur ein Vorgang, eine Technik. Ein Weg ohne Ziel. Ein Weg seinen Geist und somit sich selbst zu reinigen und von Zwängen sowie auch von häufig falschen Vorstellungen zu befreien.

In der Meditation können wir Dinge erkennen.

☞ Wir können erkennen, was wichtig ist.

☞ Wir können erkennen, was nicht wichtig ist.

☞ Wir können erkennen, dass wir selbst nicht so wichtig sind.

☞ Wir können auch erkennen, dass unsere Sorgen oft nichtig sind und wir an unserem eigenen, daraus resultierendem, Leiden eine Mitschuld haben.

Die Sichtweisen sind oft nicht gut. Ihre Prioritäten ungünstig durchdacht. Die Anker in Ihrem Leben allzu oft schlecht gesetzt. Somit treiben Sie ab und verirren sich, in Ihrem eigenen Nebel der Verblendung.

Wenn Sie erst einmal die klare, ungetrübte Sicht verloren haben, wie sollen Sie sich dann in einer, für Sie fremden, nebligen Welt zurechtfinden. Sie verirren sich immer weiter und treffen auf immer mehr Ereignisse, die Sie in Ihrem Nebel gefangen halten. Die Kunst der Meditation kann helfen, die Schleier zu lockern und den Nebel zu lichten.

Dadurch sehen Sie klarer und es kann weiter gehen.

Doch leider ist die Meditation eine Kunst für sich. Es ist wie mit dem Gebet im letzten Kapitel. Wer nicht weiß, worum es geht und wie es geht, wird sich nicht zurechtfinden. Aber anders als beim Gebet häufig anzutreffen, erhoffen wir uns in der Meditation keine übergeordnete Hilfe. Wir suchen Ruhe in uns selbst. Jeder kann sich hinsetzen, und sich gleichmäßig auf seine Atmung besinnen. Natürlich gehört noch mehr dazu, aber dies ist der Anfang. Eine gleichmäßige und regelmäßige sowie auch kontrollierte Atmung hilft immer. Jeder kennt das aus dem Leben. Denken Sie an eine Situation, in der Sie sich hochgradig geärgert haben, aber nichts machen konnten. Sie durften einfach nicht so reagieren, wie Sie es gerne getan hätten. Was machen Sie instinktiv? Sie atmen tief ein und ganz langsam, manchmal auch betont kräftig, wieder aus. Als würden Sie den Frust einfach wegblasen.

Dies befreit für einen kurzen Moment.

Das ist Meditation!

~ ~ ~ ~

In der psychologischen Beratung spricht man oft vom Problem, den Ressourcen und dem Ziel.

☞ Das Problem kommt bekanntlich meist alleine.

☞ Die Ressourcen sind in Ihnen vorhanden.

☞ Das Ziel haben Sie normalerweise zumindest im Kopf vergraben.

Da Sie das Problem nicht haben möchten oder Ihnen dieses unter Umständen sogar schadet, müssen Sie über Ihre Ressourcen zum Ziel gelangen. Dies ist Coaching in der Kurzform.

In der Praxis heißt das aber lediglich, dass Sie Ihre Stärken herausarbeiten müssen, um wachsen zu können. Eine Ressource kann üblicherweise eine Situation sein, die Sie erfolgreich gemeistert haben. Sie können darüber nachdenken, was Sie in früheren Zeiten gemacht haben oder vielleicht in ähnlichen Momenten anderen geraten hätten.
Viele, natürlich längst nicht alle, Situationen haben Sie in irgendeiner Weise vielleicht schon ein Mal erlebt bzw. durchgemacht und durchleben müssen.
Fragen Sie sich selbst:

☞ Wer hat Ihnen damals geholfen?

☞ Was hat Ihnen damals geholfen?

☞ Was haben Sie aus der Situation gelernt?

☞ Haben Sie ihr Leben auf die neue Situation eingestellt?

☞ Auf wen konnten Sie sich immer verlassen?

Verlässlich zur Seite stehen da oft die Freunde und die Familie.

Es gehört zu den heimlich auferlegten Aufgaben dieser Menschen, sich um Sie zu kümmern. So, wie auch Sie das machen müssten. Die Familie unterstützt und steht zur Seite. Zumindest dann, wenn das Familiengefüge intakt ist.

Mit Ihren Problemen sollten Sie sich immer an diese Menschen wenden können. Diese kennen Sie sehr gut. Sie wissen wie Sie *"ticken"* und was Sie mögen. Im familiären Bereich sind die Mitglieder leider von den Problemen oftmals auch betroffen. Wenn auch nur indirekt.

Verliert der Familienvater seine Arbeit, betrifft das gleichermaßen auch den Rest der Familie. Ist ein Familienmitglied erkrankt, leiden die anderen auch. Stirbt ein Teil der Familie, trauern die anderen aus der Familie auch. Sich mit diesen mittrauernden auszutauschen ist fast ein Geschenk im eigenen Leid.

Da jedes Familienmitglied die gleiche Krise ertragen muss, kann jeder auch verstehen, was den anderen bewegt.

Leider ist ein zu starkes aufeinander hängen, nicht immer von Vorteil. In Trauergesprächen beobachte ich leider immer wieder, dass es, in manchen Situationen, den Prozess blockieren kann.

Einer leidet immer etwas mehr.

Einer ist immer etwas gefasster.

Die Tränen des einen, können den anderen emotional belasten und aus der stabilen Lage werfen.

In einem Gespräch mit einer Familie saßen 6 Personen die den, wirklich plötzlich und völlig unvorbereiteten, Tod der Mutter beklagten. Zudem kamen insgesamt 3 Todesfälle in 8 Wochen. Die Emotionen waren am Boden und das Gespräch hakte immer wieder. Eine Tochter war etwas gefasster und versuchte, zumindest ein bisschen, die Kontrolle zu behalten. Doch ihre Schwester weinte bitterlich und somit fing sie selbst immer wieder selbst an zu weinen. Den Ehepartnern ging es genauso. Das ist natürlich in Ordnung und nachvollziehbar.

Aber dem Gespräch, an sich, ist es nicht förderlich.

Einen Tag später sprach ich mit der „gefestigten" Tochter und ihrem Ehemann noch einmal alleine. Ein sympathisches Gespräch mit viel Nährwert und Inhalt. Einen Inhalt, den ich tags zuvor gebraucht hätte. Zudem lachte sie viel, weinte oft und sprach streckenweise aus tiefstem Herzen.

Ihr hat das Gespräch geholfen und ich hatte den Eindruck, dass es das erste Mal war, dass sie darüber gesprochen hat. Darüber sprechen konnte. So gesehen war ihr die Familie im Weg.

Auch wenn es nur in Momenten vorkommt, so sind diese Momente doch da und hinterlassen Schmerz, Leid und ebenso auch Mitleid mit dem anderen, der mehr leidet, als er selbst.

Dieses Recht auf das eigene Heil und auf die Erfüllung Ihrer Bedürfnisse müssen Sie sich nehmen und darauf bestehen, Unterstützung zu erhalten. Sei es auch nur, indem Sie Freiräume bekommen. Einen Raum, wo Sie sich so verhalten können, wie es für Ihr Wohlbefinden nötig ist. Das Verständnis Ihrer Mitmenschen müssen Sie sich leider nötigenfalls erkämpfen. Auch wenn es schwer fällt.

Das ist keinesfalls egoistisch. Es dient lediglich Ihrem eigenen Schutz. Dem Schutz vor weiteren Verletzungen und Traumatisierungen. Dem Schutz vor längerfristigen Schäden an der Seele. Dem Schutz vor psychischen Erkrankungen. Es geht um die eigene Gesundheit und um die Erhaltung der seelischen und der körperlichen Verfassung.

Zurück zum Ansatz Problem - Ziel - Ressource kann das vielleicht heißen, dass Sie sich dem Problem/der Ausgangssituation/der Krise offensiv gegenüber stellen müssen. Es heißt, Sie müssen Ihre Ressourcen wecken und nutzen lernen, um so ein Ziel, also die Beseitigung der Krise, zu erreichen.
Klingt eigentlich ganz einfach. In der Praxis stellt Sie das vor eine Aufgabe, welcher die meisten Menschen nicht gewachsen sind.
Doch genau dafür haben Sie eben diese persönlichen Ressourcen. Nur das Erkennen und der Nutzen fällt oft schwer.
Wäre die Aktivierung von Ressourcen einfach, hätten Sie auch kein Problem.
Negative Gefühle und sogar Ängste dürfen keinesfalls bekämpft werden, da dies in einer Krise nützliche Begleiterscheinungen sind. Den

Gefühlen mit einer gewissen Wertschätzung zu begegnen, ist deutlich effizienter, als diese zu Verdrängen. Die Verdrängung und Unterdrückung führen zu einem Widerstand und zu einer Rebellion. Die Seele schreit und erhebt sich. Sie bäumt sich auf und ruft um Hilfe. Das führt zu Unruhe und Abneigung.

Die Gefühle im Fluss zu halten und anzuerkennen, sie zu akzeptieren und als Teil des persönlichen Weges zu nehmen, hilft bei der Bewältigung und bei der Genesung.

Am Ende, wenn nichts mehr hilft und alles vergebens ist, hilft vielleicht die "Wunderfrage".

Dies ist auch ein Hilfsmittel aus dem Coaching. Es klingt stark nach Esoterik, es hat aber durchaus seine Berechtigung.

Die Wunderfrage besagt im Sinne folgendes:

„Denken Sie sich eine Situation.
Wenn Sie sich abends ins Bett legen und Sie
schlafen entspannt ein, wachen morgen früh
wieder auf.
Wie durch ein Wunder hat sich ihr Problem
gelöst!
Woran würden Sie das als erstes merken?
Was wäre anders?
Was genau hätte sich verändert?
Wie können Sie den Tag jetzt am besten starten?"

Versuchen Sie es ruhig einmal. So etwas kann dazu beitragen, die Sichtweisen zu ändern. Das Problem auch mal aus einer anderen Perspektive zu betrachten. Das gilt auch für die Perspektive auf Sie selbst.

☞ Wer sind Sie?
☞ Was sind Sie?
☞ Wie stehen Sie im Leben?
☞ Was bewegt Sie?

Ändern Sie doch einmal die Perspektiven. Ändern Sie Ihre Sichtweisen. Das erfordert etwas Kraft und es erfordert auch den Mut, sich Fehlbarkeiten einzugestehen. Zu erkennen, dass alles aus Ihnen selbst heraus entsteht.

Die, von Ihnen, angestrebte Glückseligkeit hängt maßgeblich von der grundlegenden Beschaffenheit Ihrer Gedanken und Ihrer Einstellung ab.

Heinrich Heine beschrieb es mit diesen Worten:

"Die Herrlichkeit der Welt ist immer adäquat der Herrlichkeit des Geistes, der sie betrachtet.
Der Gute findet hier sein Paradies.
Der Schlechte genießt, schon hier seine Hölle."

Das kann man gut so stehen lassen und mal ein paar Minuten drüber nachdenken.

"Unsere Siege und unsere Niederlagen liegen immer sehr nah beieinander."

(Tobias van der Velde)

Ändern Sie sich selbst, so nehmen Sie auch selbst und bewusst Einfluss auf das, was Ihnen widerfährt. Sich zu ändern und die Notwendigkeit überhaupt einzusehen ist oft eine regelrechte Herculesaufgabe.

~ ~ ~ ~

Was Sie nun und vielleicht auch grundsätzlich im Leben machen können, ist sich von Ihrem Ego zu lösen.

Wie bereits in dem Abschnitt über die Bedürfnisse geschrieben, folgen Ihre Handlungen letztlich immer einem eigenen und inneren Bestreben nach Glück. Meist der Befriedigung eines Verlangens, etwas haben zu wollen bzw. zu bekommen. Dieses Verhalten bezieht sich, in den allermeisten Fällen, immer auf Sie selbst.

Es geht um Ihre Bedürfnisse, Ihre Gefühle, Ihre Versuche im Bestreben nach Glück. Dies kann auch als Ego bezeichnet werden.

Das Selbst.

Sie befriedigen Ihr Ego, in dem Sie so handeln, wie Sie es tun. Somit leiden Sie auch in einer Krise, weil Ihr Ego verletzt wurde.

Das Bestreben nach Glück und Freude hat somit einen selbstbezogenen Ansatz. Das will sicher keiner für wahr halten, aber letztlich geht es darum. Sie wollen glücklich sein.

Ihr eigenes Ego, also Ihr Selbst, fordert dies ganz automatisch.

Wenn Sie jetzt an Ihrem Leiden arbeiten wollen, kommen Sie nicht drum herum, sich dem Leiden und dem tiefsten Kern der Ursache zu stellen. Dies ist der Punkt, der Ihr Selbst betrifft. Nur so können Sie sich langfristig vom Leiden befreien. Wenn Sie Ihr Ego sorgsam betrachten und erforschen, finden Sie den Grund dafür, warum Sie in dieser Krise so leiden und können genau dort ansetzen, sich selbst zu helfen.

Ehrlich mit sich selbst sein und sich einzugestehen, dass Sie am Leid mitverantwortlich sind, bedarf viel Mut und Disziplin. Doch es bereichert Ihren Geist und beeinflusst den weiteren Verlauf im Leben.

Durch diese Transformation im Geiste können Sie an der eigenen Widerstandsfähigkeit arbeiten, an der so genannten Resilienz.

Denn die Tragweite von Problemen und Krisen hängt auch immer vom eigenen Umgang mit den Dingen ab und somit an der Resilienz.

Dies ist die Selbstheilungskraft eines jeden von uns und dies ist eigentlich nichts anderes, als ein Schutzmechanismus des Lebens.

☞ Wie gehe ich darauf ein?

☞ Was mache ich aus der Situation?

☞ Wie weit lasse ich dieses Leid an mich heran?

☞ Wen hole ich mir zur Hilfe?

Resilienz lässt sich nur schwer bis vielleicht sogar gar nicht erlernen. Resilienz liegt in Ihren Genen und bildet somit einen Teil Ihrer Persönlichkeit und Ihrer Identität.

Die Resilienz ist maßgeblich daran beteiligt, ob Sie psychisch gesund sind und trägt somit auch zur Salutogenese bei.

Der Entstehung der allgemeinen Gesundheit. Sie sind niemals gesund, wenn der Geist erkrankt ist oder leidet. Darum ist die Arbeit am Geiste bzw. Ihrer Psyche enorm wichtig, wenn Sie sich gut fühlen wollen und Glückseligkeit finden wollen.

Ganz egal, was auch passiert, welche Krise Sie auch erfahren und erleiden müssen, Sie müssen kämpfen und sich immer weiter bewegen. Dies bedeutet, dass Sie an Fahrt aufnehmen müssen und nicht dem Stillstand verfallen. Denn Stillstand ist das, was Sie weder in guten noch in schlechten Zeiten wirklich gebrauchen können.

"Stillstand führt immer zu einer Krise hin und nicht von ihr fort." (Tobias van der Velde)

Ein Stillstand ist das Ende von allem, was sich in schwierigen Zeiten bewegen ließe.
Somit ist es ratsam an Fahrt zu zulegen. In einer Krise noch mal so richtig Gas zu geben. Vorwärts denken, drücken und die Hindernisse einfach so überrollen.
Was Sie brauchen, ist ein Impuls der Sie anstößt. Im englischen nennt sich der Begriff einer physikalischen Größe "Momentum". Das Klingt sicherlich spannender und moderner, als das deutsche Wort "Impuls". Dieses Prinzip wird mittlerweile von vielen bekannten Life-Coaches genutzt.

"Mit Momentum gibt es nur neue Wege."

Mit Momentum finden Sie neue Strategien und können zumindest versuchen, sich aus der Krise zu befreien. Vielleicht fahren Sie Anfangs nur mit halber Kraft weiter und der Impuls, Ihr Momentum, reicht gerade um voran zu kommen, aber Sie kommen voran und können erkennen, dass es nicht immer auf das Tempo ankommt.

☞ Hauptsache Sie kommen voran.
☞ Entschleunigt und dennoch kontinuierlich.

Das ist, zumindest meiner Meinung nach, einer der sinnvollsten Wege im Umgang mit Problemen allgemein. Sich nicht stoppen lassen und immer weiter machen.

Ich möchte hier gesundheitliche Probleme und Todesfälle etwas raus nehmen.
In der Trauer ist dieses Vorgehen, normalerweise, nicht der richtige Weg und bedarf professionelle Hilfe bei der Umsetzung. Das gilt gleichermaßen für Krankheiten. Aber stehen bleiben und sich aufgeben, dürfen Sie auch dort nicht.
Etwas, was Ihnen Momentum verschaffen kann, sind Ihre Träume.
Einen großen Teil Ihres Lebens verbringen Sie mit

dem Träumen. Nicht nur in der Nacht. Nein, auch tagsüber. Denn hier sind Träume gemeint, für die es sich zu leben und um danach zu streben lohnt. Sie kämpfen dafür, immer und immer wieder. Sie versuchen sich diese Träume zu erfüllen. Bis ein maßgeblich beteiligter Teil des Traumes wegbricht. Das können finanzielle Mittel sein. Vielleicht auch eine Verbindung, die Sie gepflegt haben.

Vielleicht der Partner.

Vielleicht auch der Tod einer in Ihrem Leben nahe stehenden Person.

Auf einmal ist alles anders. Nichts scheint mehr Sinn zu machen und doch bleibt der Traum bestehen. Denn Sie dürfen niemals vergessen:

"Jeder träumt für sich alleine!" *(Unbekannter Autor)*

Es geht einzig und allein um Sie selbst. Auch in allen Dingen, die Sie z. B. in einer Partnerschaft erträumen, schwingen immer auch Ihre ganz eigenen Bedürfnisse mit. Ihr ganz eigener Teil des Traumes. Wozu sollten Sie diesen aufgeben?

Das hat nichts mit falscher Loyalität zu tun. Es geht nur um Ihr Recht auf Glück. Darum müssen Sie weiter träumen, um irgendwann auch wieder glücklich zu sein. Auch ohne diesen verlorenen Umstand, diesen Grund für den geplatzten Traum.

Auch wenn sich unsere weisen Menschen in unseren Religionen oder auch die alten weisen Menschen mit ihrer Lebenserfahrung, glauben machen wollen, dass es besser ist, im hier und jetzt zu leben, sieht dies in einer Krise sicherlich anders aus.

Denn wer will schon diesen Moment des Leides immer wieder erfahren, nur weil er an der Gegenwart fest hält. Wir müssen in genau diesen Momenten nach vorne schauen.

"Wir müssen erkennen, was werden soll und nicht was gerade ist."
(Tobias van der Velde)

Jetzt gerade ist es schlecht. Die Zukunft wird super.

Vergessen Sie niemals eines:

"Jeden Tag den wir leben, bedeutet einen Tag weniger vom Leben zu haben. Somit sind wir jeden Tag einen Tag näher am Tode."
(Tobias van der Velde)

Beginnen Sie gleich jetzt, von einer schönen Zukunft zu träumen und mit Momentum eine schöne Zeit zu begehen und neues zu erleben.

"Jeder neue Tag ist schön."

Jeder neue Tag birgt unzählige schöne Momente und Augenblicke.

Mit gesengtem Haupt durch die Straßen zu ziehen, trägt nur dazu bei, die schönen Dinge nicht zu erkennen.

~ ~ ~ ~

"love it; change it or leave it"

Mein persönliches Bonmot für die Beratung. Es trifft den Nagel auf den Kopf und beinhaltet so ziemlich alles, was für eine Genesung und Besserung nötig ist. Denn im Kern fordert der Satz dazu auf, nicht zu viel zu denken, sondern zu handeln.

Love it:

☞ Lieben Sie die Situation?
☞ Können Sie sich damit anfreunden und die Situation in Ihr Leben integrieren?
☞ Belastet Sie die Situation nicht?

Trifft das zu?

Dann ist doch alles gut. Das Thema ist damit geklärt. Es gibt kein Problem und nichts muss geändert werden.

Falls nicht:

Change it:

☞ Können Sie Einfluss nehmen auf das, was passiert ist?

☞ Können Sie den weiteren Verlauf beeinflussen?

Ändern Sie den Umstand der Ihnen dieses Problem eingebracht hat. Das geht nicht immer bzw. können Sie das nicht? Dann -

Leave it:

Verlassen Sie den Teil in Ihrem Leben, der Ihnen Ärger macht. Ändern Sie die Dinge, die Sie ändern können. Verlassen Sie die Situation, die Sie belastet. Steuern Sie selbst Ihr Leben und lassen alles hinter sich.

Das geht auch in Zeiten der Trauer. Auch wenn dies vorerst unmöglich klingt. Aber es gehört zum Prozess des Lebens und einer jeden Krise, Dinge zurück zu lassen. Die Situation aktiv zu verlassen.

"Leave it"

Gehen Sie im Leben weiter voran, so lassen Sie Dinge zurück. Was und wie genau, muss jeder individuell für sich selbst klären.

An Dingen festzuhalten, die eigentlich belasten, ist auf der einen Seite nicht sehr klug und auf der anderen Seite, halten Sie somit auch irgendwie an einer Illusion fest. Eine Illusion, die Sie blendet und beizeiten real wird. Im Laufe der Zeit stirbt aber, unter Umständen, diese Illusion und Sie leiden umso mehr.

"Nichts ist trauriger, als der Tod einer Illusion."

(Arthur Koestler)

~ ~ ~ ~

Epilog

Krisen kommen und Krisen gehen. Tagein und tagaus. Manchmal groß, wie ein Berg und manchmal so klein, dass wir diese oft gar nicht bewusst wahrnehmen. Aber auch wenn wir diese nicht wahrnehmen, so gehen wir doch mit ihnen um. Die Krise wird unterbewusst sowie instinktiv bearbeitet. In großen Krisen klappt das leider meistens nicht so gut.

Was ist also zu tun?

Ich habe viel über den persönlichen Umgang mit Krisen und die Beobachtung der eigenen Person geschrieben. Die letzten Jahre haben mir gezeigt, dass dies nicht so einfach umzusetzen ist. Die Hilfe aus dem sozialen Umfeld ist elementar. Doch diese Hilfe bringt nicht wirklich etwas, wenn wir nicht bereit sind, uns unserer Krise auch zu stellen. Aus meiner eigenen Erfahrung ist es oft sehr hilfreich, sich erst einmal mit sich selbst auseinanderzusetzen.

Selbst dann, wenn wir eigentlich nicht selbst an der Situation Schuld haben.

Das erleichtert und relativiert in vielen Fällen die Situation und hilft die Sichtweisen zu ändern.

Überdenken können wir auch die Reaktionszeit auf ein Ereignis.

→ Bedenken Sie immer ←

Wenn wir auf einen Angriff, auch wenn er nur verbal erfolgt, gleichwertig reagieren, führt dies auch nur wieder zu einer Gegenreaktion. Feuer mit Feuer zu bekämpfen, führt nur zu weiterem Feuer, aber nicht zum erlöschen der Flamme. Eine sanfte Reaktion führt zu einer Besonnenheit und wir können dem Feuer den Nährboden entziehen.

Entscheiden Sie selbst, was gut für Sie ist. Aber seien Sie stets ehrlich mit sich selbst.

Die bisherigen Entscheidungen haben Sie nicht immer weiter gebracht. Ein neuer Weg kann Ihnen somit nicht schaden.

In meinem Leben habe ich viele verschiedene Wege begangen.

Sicherlich waren nicht alle Wege davon, für

außenstehende Personen, nachvollziehbar.

Für mich ehrlich gesagt in vielen Fällen auch nicht. Aber jeder Weg und jeder Versuch meinen Weg durch den Dschungel des Lebens zu finden und zu begehen, hat mir neue Sichtweisen verschafft. Viele Wege führten auch zu nichts handfestem. Aber sie lieferten mir Erfahrungen, die ich nicht missen möchte. In schweren Zeiten habe ich mich besonnen, habe meditiert und versucht die Bedeutungslosigkeit, in den meisten, unserer menschlichen Probleme zu sehen.

Probleme und Krisen bekommen nur Kraft und Macht, wenn sie eine Bedeutung für uns haben.

Doch am Ende sind wir nichts. Wir haben nichts. Wir waren nichts. Wir werden nichts sein. Nichts bleibt uns. Warum sollten wir uns also über nichts aufregen.

Welche Wege und Methoden, speziell für Sie, die richtigen sind, ist nicht einfach zu klären.

Viel wichtiger ist es aber auch, dass Sie überhaupt erst einmal anfangen, sich zu bewegen.

Wie schon geschrieben, ist die Meditation ein wunderbares Hilfsmittel, aber nicht jeder findet einen Zugang dazu. Andere gehen an der frischen Luft spazieren, andere gehen joggen oder wandern.

Manche machen solange und intensiv Sport, bis sie vor Erschöpfung zu Boden fallen. Wieder andere weinen, schreien, versuchen zu lachen. Der eine trinkt Alkohol, der andere lieber Tee.

Es ist unwichtig, was Sie machen. Es ist nur wichtig, dass Sie dadurch oder danach, wieder zurück finden und sich der Krise stellen und so einen Weg finden, weiterzumachen.

Gehen Sie in den Wald und schreien es heraus. All die Wut, den Frust und den Schmerz. Schreien Sie die Trauer heraus. Verfluchen Sie die Person, die Ihnen das angetan hat. Machen Sie sich aber bewusst, dass das Problem dadurch nicht behoben wird. Aber den ersten und gewaltigen Eingriff in Ihre Persönlichkeit können Sie so mildern. Es beruhigt und das ist genau das, was Sie brauchen.

In der Ruhe liegt die Kraft, die Sie brauchen, um neu zu wachsen.

Keep calm, relax and go on!

~~~~~

Über den Autor

Tobias van der Velde arbeitet als Lebensberater und Coach, Trauerbegleiter, Hypnotiseur und Autor.

Im Laufe der Jahre hat er sich auf das Thema Krisen spezialisiert und hat dies zum Hauptpunkt in der Beratung gemacht. Stetiges studieren von unzähligen Büchern, der fachliche Austausch mit beruflichen Kollegen, die Beratung und die stetige Beobachtung der verschiedensten Verhaltensweisen von Menschen, sind ein fester Bestandteil seines Lebens.

Tobias van der Velde setzt sich dafür ein, das Thema Krisen und auch die Trauer aus einem anderen und nicht voreingenommenen oder meistens auch vorgegebenen Blickwinkel zu betrachten.

Dadurch ist eine Art Heilung oft überhaupt erst möglich.

Seine Beratungsarbeit zielt sehr häufig darauf aus, zu konfrontieren und das Problem nicht zu umgehen.

Viele verschiedene und spirituelle Sichtweisen fließen mit in eine Beratung ein. Jedoch ist diese Beratung keinesfalls religiös festgelegt oder darauf ausgerichtet.

Neben der Beratungsarbeit gehören auch Seminare für Berater und Coaches zum Repertoire.

In regelmäßigen Abständen finden Veranstaltungen statt, die sich speziell an die Menschen in krisenbehafteten Zeiten richten.

Bereits erschienen:

Trauer in der Beratung und im Coaching
ISBN 978-3752878844 im BOD Verlag
Ein Praxisbuch für Menschen in beratenden
Berufen.

Das Thema Trauer betrifft uns alle im Leben.
Doch es macht einen großen Unterschied, ob wir
mit den Freunden oder der Familie sprechen, oder
ob wir mit Klienten zu tun haben, die sich auf die
fachliche Kompetenz eines Beraters verlassen.
Plötzlich und unerwartet aufkommende Trauer in
einer Beratungseinheit kann den weiteren und so
wichtigen Verlauf der Beratung oft unangenehm
sowie auch negativ beeinflussen. Darum ist es
sehr wichtig, angemessen reagieren zu können.
Dieses Buch soll eine Hilfe für Sie sein und Ihnen
sofort umsetzbare Möglichkeiten für die Beratung
bieten. Somit ist es ein Praxisbuch, welches den
Alltag in der Beratung erleichtern kann.
Es ist ein kleiner Ausschnitt aus meiner täglichen
Arbeit mit Menschen, die sich in Trauer befinden
und ein Einblick in meine eigenen Sichtweisen auf
die Dinge und auf das Leben

Quellenangaben:

In diesem Buch befinden sich vereinzelt Zitate oder ähnliches. Der Autor bzw. Verfasser wurde direkt im Text mit angegeben. In der Regel sind diese Texte Fett gedruckt und der Autor entweder darunter oder im Textfluss gut zu erkennen. Viele der Fett gedruckten Texte sind aber auch von mir selbst oder der Verfasser ist mir, auch nach umfangreicher Recherche, nicht ersichtlich. Auch mir können, so wie jedem anderen Menschen auch, Fehler unterlaufen. Das kann dazu führen, dass ich eine Angabe nicht richtig gemacht habe. Dies ist weder beabsichtigt noch boshaft und ich bitte dies zu entschuldigen.

Da ich auch nicht der einzige bin, der sich in diesem Thema bewegt, können sich manche Gedankengänge oder Sichtweisen mit denen von anderen Menschen ähneln. Ich hab das Rad nicht neu erfunden, sondern nur meine Meinung und meine Erfahrung niedergeschrieben. Es sind nur Worte. Diese können anderen thematisch sehr nahe kommen.

Kleiner Nachtrag

Wenn Sie im Leben nicht weiter wissen, scheuen Sie nicht, sich professionelle Hilfe zu holen. Das ist unter Umständen nicht immer kostenlos, aber es ist immer noch eine bessere Wahl, als in Ihrem Leiden zu verharren.

Es gibt, gerade auch für die erste Hilfe, sehr viele kostenlose Angebote.
Dazu gehören unter anderem die Telefonseelsorge oder auch die Krisenhilfe. Viele Städte haben ihre eigenen Anlaufstellen. Schauen Sie einfach in Ihrem Umfeld oder Fragen Sie bei den Kirchen nach. Diese können Ihnen eventuell auch Hilfen vermitteln.

Bedenken Sie aber auch dabei, dass nicht alles, was kostenlos angeboten wird, auch wirklich gut ist. Es gibt leider auch Institutionen die, gerade bei längerfristiger Hilfe, keine angemessene Qualität liefern können.

Ich wünsche Ihnen, dass Sie in einer Krise Ihren persönlichen und richtigen Weg finden.